Pierre Villey

Les Aveugles travailleurs en France

Étude

ISBN : 978-1723096358

10 9 8 7 6 5 4 3 2 1

Pierre Villey

Les Aveugles travailleurs en France

Étude

Table de Matières

Section I

Jamais il n'a été question autant qu'aujourd'hui des aveugles, des « emmurés, » comme les appelle M. Lucien Descaves, des « enténébrés, » comme l'on dit plus volontiers depuis quelque temps. Aveugle moi-même, comment ne serais-je pas touché de l'intérêt qu'on nous témoigne ? A tout instant, la presse parle de nous, et, il faut l'avouer, bien souvent avec plus de bonne volonté que de compétence. On agite de grands projets pour améliorer notre sort. Les pouvoirs publics se sont émus. Une commission permanente vient d'être constituée en leur faveur au ministère de l'Intérieur par M. Mirman, qui leur témoigne une sympathie singulièrement active. Au budget de 1910, un crédit nouveau de 125 000 francs a été ouvert en vue de les assister, et la subvention des Quinze-Vingts a été augmentée de 250 000 francs. Très prochainement, nous assure-t-on, deux lois seront soumises au vote des Chambres en faveur des aveugles. L'une, qui a pour rapporteur M. Chautard, et qui vient d'être votée par la Chambre des députés, demande la création d'écoles publiques régionales où ils puissent recevoir l'instruction primaire et professionnelle. L'autre, proposée par M. le sénateur Labrousse, demandera également la création d'écoles et d'ateliers régionaux ; mais elle réclamera en outre une assistance qui suive l'aveugle de sa naissance à sa mort, et pour l'ensemble de cette assistance elle prévoit une dépense annuelle de quatre millions. J'ai essayé de montrer, dans un précédent article, que l'aveugle, au point de vue intellectuel et moral, est l'égal du clairvoyant. Les travaux intellectuels les plus complexes lui sont accessibles, et il peut prétendre à une haute valeur artistique.

Mais de ces constatations il ne faudrait pas conclure que l'aveugle est suffisamment armé pour la lutte, et qu'il n'a pas besoin de notre sympathie. Rien n'est plus éloigné de ma pensée. J'ai rappelé ce qui fait la dignité de l'aveugle, ce qui le relève dans l'humiliation de son infirmité. Il ne s'agit pas de cacher ses infériorités et ses souffrances.

Si l'intelligence de l'aveugle est intacte, si elle est susceptible d'un plein développement, il n'en va pas de même de son activité physique. Elle est contrainte en tout sens, limitée par des obstacles de tout genre. Il n'est dans la société que fort peu d'emplois qui soient accessibles à celui qui n'a plus ses yeux. En outre, ce sont souvent les plus faciles, ceux qui demandent le moins d'adresse, partant, les moins rémunérateurs. Généralement aussi, l'aveugle ne s'en acquitte qu'avec lenteur, ce qui réduit encore sa rémunération.

J'ai dit, au reste, que la cécité n'entrave pas le développement de l'intelligence ; je n'ai pas dit qu'elle crée l'intelligence, et rien n'eût été plus ridicule qu'une pareille prétention. Comme chez les voyants, tous les degrés de l'intelligence humaine sont représentés chez les aveugles, et, à chaque degré, bien peu nombreux sont les travaux accessibles.

Ce n'est pas tout : l'aveugle n'a pas seulement à compter avec les difficultés naturelles que comporte la cécité. L'ignorance où sont ses semblables de sa véritable situation est peut-être pour lui un obstacle plus redoutable encore. Les clairvoyants, en règle générale, s'exagèrent beaucoup les conséquences de la cécité et les incapacités qu'elle entraîne. Ils sont disposés à priver l'aveugle de toute activité. Ils sont tentés de l'immobiliser, de le clouer sur sa chaise, dans un coin écarté, à l'abri des heurts.

Comme la vue est la base de leur activité à eux, comme elle se mêle à leurs moindres actes, ils estiment que, privés de la vue, ils deviendraient radicalement incapables d'agir ; et, tout naturellement, ils pensent que la cécité anesthésie et paralyse presque complètement l'individu.

Pourtant, les faits montrent surabondamment que, dans un sujet atteint de cécité, le toucher et l'ouïe se développent par l'exercice et suppléent la vue dans bon nombre de ses fonctions. Le clairvoyant s'imagine difficilement que l'ouïe et le toucher puissent faire chez les autres ce qu'ils ne peuvent pas en lui. Il ne croit donc guère à la possibilité d'utiliser l'aveugle. Il se refuse bien souvent à lui confier des travaux dont, en dépit de son infirmité, l'aveugle pourrait parfaitement s'acquitter. Et ainsi, les moyens d'action de celui-ci, déjà réduits et qui ne peuvent souvent lui assurer la subsistance qu'à la condition d'un travail-acharné, risquent toujours d'être stérilisés par un préjugé.

A chaque pas qu'il fait dans la vie, l'aveugle sent, avec une conscience douloureuse, d'autant plus aiguë, que sa pensée est demeurée plus intacte et plus pleine, la présence de ces deux entraves : la difficulté qu'il éprouve à exercer une activité suffisamment rémunératrice, la méfiance du public qui doute de sa capacité et refuse ses services. Toutes deux lui rendent la vie matérielle étrangement difficile, et le menacent constamment de la misère avec tout le cortège de déchéances et de souffrances morales qu'elle ne peut manquer d'entraîner dans sa condition. La mendicité est là qui le guette, et derrière elle l'assujettissement de la personne humaine, l'avilissement. Pour d'autres, moins malheureux en apparence, c'est la lutte perpétuelle, déprimante pour le morceau de pain indispensable, l'insécurité, le découragement de jamais améliorer son sort, les désespoirs, toutes ces angoisses qui rendent cuisant, continu, le sentiment de l'infirmité, cause de cet incessant désastre.

Nous ne saurions trop le répéter, la souffrance de l'aveugle n'est pas, comme on l'imagine généralement, dans la privation des spectacles que la nature offre aux yeux ; elle est dans les difficultés sans nombre que la vie dresse à chaque pas devant lui. D'un côté, il n'y a qu'une privation, de l'autre, une douleur positive et de tous les instants. Cette privation même n'est pas sentie, et ne saurait pas l'être de ceux qui, aveugles dès le bas âge, n'ont pas connu le bonheur de voir. Chez les autres, son sentiment s'atténue progressivement, et il va souvent jusqu'à disparaître. Le plus souvent, la vue ne donne que l'occasion, l'éveil d'une émotion, qui réellement a sa source en nous. Cette occasion peut venir de l'ouïe, du toucher, de mille incidents insignifiants. La même joie inconsciente que l'enfant clairvoyant éprouve à voir le visage de ses parents, l'enfant aveugle la goûte à entendre leur voix. Et puis, la vie intérieure est assez riche pour fournir des diversions au regret de la lumière. Elle offre à la pensée une étoile nouvelle quand celle-ci ne trouve plus dans la vue son aliment ordinaire. C'est un cours différent à donner aux idées qui d'elles-mêmes s'engagent peu à peu dans la direction nouvelle.

Il n'est pas besoin d'un grand effort de réflexion pour concevoir que le souvenir de la lumière qu'aucune image ne vient plus réveiller s'alanguit peu à peu, ou simplement, si l'on veut, se fait de moins en moins poignant. Les heurts de la vie matérielle, au contraire, sont à peu près inévitables. La faim, les nécessités de l'existence, obligent l'aveugle à agir, et d'ailleurs, l'oisiveté serait pour lui un mal mille fois pire encore.

Le rôle des amis des aveugles, des typhlophiles, comme nous disons, est précisément de supprimer les obstacles périlleux dressés sur son chemin. La constatation que nous venons de faire est pour eux singulièrement encourageante : si l'aveugle était hanté de l'idée de la lumière, si retrouver la lumière pouvait seul le consoler, nous n'aurions qu'à nous croiser les bras et à attendre un miracle de la science qui ne viendrait pas. Puisqu'il ne veut que mener une vie active et indépendante, nous pouvons au contraire l'aider à s'assurer sa part de bonheur. Contrairement à ce que l'on pense d'ordinaire, l'aveugle, lorsque la cécité n'est plus toute nouvelle pour lui, lorsqu'il s'est habitué à son sort, ne considère pas du tout sa vie comme condamnée. Il sait que, s'il parvient à se refaire une activité productive, une activité qui tout à la fois le défende, en l'occupant, contre les chagrins stériles et déprimants, assure sa propre existence et lui donne le sentiment qu'il est utile aux autres, il pourra mener une vie très acceptable, heureuse même, peut-être se constituer un foyer comme les autres hommes, s'entourer d'affections, prendre sa part des joies humaines. Il le sait, il en a le sentiment très vif. Mais les entraves matérielles sont là, qui l'arrêtent, qui l'empêchent de s'arracher à sa torture.

Pour tous les aveugles valides et normalement constitués, un seul mode d'assistance est recommandable, l'assistance par le travail. Seule, en effet, elle est efficace, parce que seule elle apporte à l'assisté, avec la dignité de la vie, l'oubli de son malheur. Telle est la révolution profonde qui s'est opérée dans le monde des aveugles depuis un siècle un quart : ils étaient condamnés à mener une vie oisive, à charge aux autres et à eux-mêmes ; aujourd'hui, ils peuvent devenir des êtres utiles. C'est à la France qu'ils sont redevables de cette transformation, car c'est un Français, Valentin Haüy, qui, à la fin du XVIIIe siècle, a révélé au monde que l'aveugle est bon à quelque chose, et c'est encore un Français, un élève de Valentin Haüy, l'aveugle Louis Braille, qui leur a donné l'alphabet génial grâce auquel leur instruction est singulièrement facilitée. Mais en France, aussi bien qu'ailleurs, une révolution de ce genre ne s'opère qu'avec lenteur. Elle se heurte à trop de préjugés séculaires. Quand, voici moins de quarante ans, Maxime du Camp écrivait dans la *Revue* son piquant article sur l'*Institution des jeunes aveugles*, il n'ignorait pas qu'en France cette institution était presque seule encore à préparer de véritables travailleurs aveugles, parce que presque seule elle assurait à ses élèves une solide culture professionnelle, et, après leur sortie de l'école, un patronage éclairé.

Beaucoup d'hommes travaillaient à réaliser l'œuvre de Valentin Haüy, mais leurs tentatives demeuraient sporadiques. Heureusement, depuis une vingtaine d'années, cette situation s'est considérablement améliorée. Un aveugle de grand cœur, M. Maurice de la Sizeranne, auquel tous ses frères en cécité devront une éternelle reconnaissance, a senti la nécessité de coordonner ces efforts dispersés, et il a fondé de ses seules forces l'Association Valentin Haüy, dont le but est d'étudier toutes les questions relatives à la cécité et de poursuivre de toutes les manières à la fois l'amélioration du sort des aveugles. Grâce à l'activité et au dévouement de son fondateur, qui en est resté l'âme, l'Association Valentin Haüy s'est promptement développée. Vite les services qu'elle rendait l'ont fait reconnaître d'utilité publique. Son action s'étend à la France entière, et elle vient en aide à tous les aveugles sans distinction.

J'ai parlé déjà des secours intellectuels et moraux que sa bibliothèque et ses périodiques en points saillants apportent à tous. C'est là une partie importante de sa tâche, car, sans livres et sans périodiques, la découverte de Braille fût restée inefficace. Mais ce n'en est qu'une partie. L'Association Valentin Haüy recherche partout les aveugles. Elle est la providence de l'aveugle. Étrangère aux questions de politique, de religion, à tout ce qui divise, elle groupe autour d'elle tous ceux qui s'intéressent aux enténébrés. Aussi ses membres sont-ils aujourd'hui au nombre de 16 000, et son budget annuel dépasse 200 000 francs qui sont dépensés au profit de près de 7 000 patronnés. Mais on y dépense plus encore de dévouement, car c'est une merveilleuse école de solidarité. Les services les plus importants y sont assurés par des personnes de bonne volonté qui donnent sans compter leur temps et leur peine. Il n'est pas de question relative aux aveugles dont elle ne s'occupe activement. Elle travaille à prévenir la cécité aussi bien qu'à en atténuer les effets, à secourir et à faire hospitaliser les vieillards incapables aussi bien qu'à faire instruire les enfants. Elle constitue non une œuvre, mais un faisceau d'œuvres dont chacune, selon l'expression de Georges Picot, suffirait à mériter la reconnaissance publique. Mais l'objet final de toutes ces œuvres est d'arracher l'aveugle à la mendicité pour en faire un travailleur, d'achever pour les êtres privés de la vue la grande révolution morale qui a été commencée par Valentin Haüy et par Louis Braille. Elle ne considère sa tâche comme terminée vis-à-vis d'un de ses patronnés que le jour où, en l'assistant par le travail, elle lui a fourni le moyen de se passer d'elle.

Elle doit, en conséquence, seconder dans la France entière tous les aveugles laborieux, musiciens, accordeurs et ouvriers de divers métiers. De plus, comme tous les emplois actuellement exercés par les aveugles sont fort encombrés, elle doit chercher sans cesse des débouchés nouveaux à leur activité. Enfin, ce n'est pas assez de venir en aide aux travailleurs, il est tout aussi important, sinon plus encore, de leur assurer la bienveillance du public qui seul peut les employer. L'Association Valentin Haüy favorise le travail des aveugles par les moyens les plus variés : elle avertit les parent de la nécessité de faire instruire les enfants, donne des bourses d'études à des indigents, publie dans ses journaux en points saillants un grand nombre d'informations précieuses aux travailleurs, distribue chaque année des subsides à des adultes désireux d'apprendre un métier ; elle dépense annuellement 10 000 francs pour subvenir aux frais d'outillage, d'installation, de matières premières. Mais ses efforts se concentrent spécialement sur ces trois points : persuader le public des capacités des aveugles, patronner les travailleurs, et chercher de nouveaux débouchés à leur activité.

Réjouissons-nous de constater que d'autres sociétés la secondent dans sa lourde tâche, et que, depuis peu, de toutes parts, des initiatives nouvelles se font jour en faveur des aveugles. La Société des ateliers d'aveugles, œuvre de M. Lavanchy-Glarke, qui traverse en ce moment une période de crise, a fait beaucoup depuis vingt ans pour les ouvriers. La Ligue pour l'amélioration du sort des aveugles, fondée et présidée par M. Georges Bonjean, est susceptible, si elle se développe, d'exercer une action profonde. Son vice-président, M. Vaughan, le dévoué directeur des Quinze-Vingts, créait, il n'y a que quelques mois, un journal nouveau en points saillants : *la Tribune des aveugles*. Enfin et surtout, nous attendons beaucoup du comité permanent d'assistance aux aveugles que nous devons à M. Mirman, et qui a été constitué au début de l'année dernière au ministère de l'Intérieur, sous la présidence de M. le sénateur Labrousse. Son programme l'invite à s'occuper de toutes les questions relatives à la cécité, mais il a l'intention de songer tout spécialement aux travailleurs.

Section II

Le concours de tant de bonnes volontés, dont le tort est peut-être de ne pas se concerter assez étroitement en vue d'une action commune, est une chose très nécessaire. La tâche est très lourde. Quelque rapide qu'ait été le développement de l'Association Valentin Haüy, quelque merveilleusement efficace qu'ait été son activité, elle ne peut suffire à tout.

La première réforme qui s'impose est une réforme générale de l'instruction des aveugles. L'enseignement professionnel y est souvent si négligé, que beaucoup de leurs anciens élèves sont incapables d'exercer un métier. Ces malheureux sont perdus pour la vie active, et ce n'est pas tout : ils font du tort à leurs frères, car le public, qui les voit incapables, tend à généraliser leur cas et prétend juger les autres par eux. Actuellement, l'État seul peut opérer cette réforme de l'enseignement que nous demandons depuis tant d'années. Au mois de novembre dernier, le président du Conseil a pris, devant la Chambre des députés, l'engagement de faire cette réforme, et les Chambres semblent disposées à voter les crédits nécessaires. Espérons qu'on aura bientôt remédié à cette lamentable désorganisation qui condamne tant d'aveugles à la misère.

Quand un aveugle d'intelligence moyenne et de bonne santé a passé par une de nos bonnes écoles, il est, d'une façon générale, en état de se tirer d'affaire. Mais toujours, au moins dans les débuts, il a besoin d'aide. Il serait donc nécessaire que dans toutes les écoles on trouvât une société de patronage pour s'occuper des anciens élèves. Le patronage est excellent dans nos écoles modèles, à l'Ecole Braille par exemple qui appartient aujourd'hui au département de la Seine, et qui fait de très bons ouvriers manuels ; ou encore à l'Institution Nationale de Paris qui prépare surtout des musiciens et des accordeurs et où la société de patronage, qui porte le nom significatif de « Société de placement et de secours des anciens élèves, » doit une prospérité particulière au dévouement d'un homme de cœur qui lui consacre sa vie. Dans la plupart des autres écoles, de semblables sociétés n'existent pas ou n'existent que passagèrement.

Comme tant d'œuvres de bienfaisance, elles doivent parfois une existence éphémère à un homme. Lui disparu, on ne fait plus rien, on abandonne les anciens élèves à eux-mêmes ; et alors la charge retombe tout entière à l'Association Valentin Haüy, la patronne désignée de tous les aveugles. Mais la tâche est manifeste ni ont trop lourde. Elle l'est d'abord parce que le patronage à exercer est d'une grande complexité : il varie avec les métiers, et chacun conçoit que l'aide réclamée par un musicien ou un accordeur est différente de celle qu'on doit à un ouvrier ; il varie même avec les individus et avec les localités qu'ils habitent. Et puis, dans les circonstances présentes, il est peut-être plus que jamais nécessaire et absorbant. En effet, la situation des musiciens devient plus difficile. L'objet principal de l'Institution nationale, depuis soixante-dix ans et davantage, a été de former des organistes, et ce qui a fait que la France, mère de Valentin Haüy et de Louis Braille, n'a pas cessé d'être la terre bénie des aveugles, c'est que les postes d'organistes y étaient rétribués mieux qu'en aucun autre pays. Grâce à l'orgue, beaucoup d'aveugles sont parvenus à l'indépendance. Mais la loi de séparation vient de porter un coup à la richesse de l'Eglise catholique. Les rétributions des organistes, en conséquence, baissent presque partout. Elles ont parfois disparu complètement. Ne sommes-nous pas en droit de demander à l'Etat de songer aux aveugles, puisqu'il vient de leur causer un pareil préjudice ?

Quelques théoriciens vont droit aux conclusions extrêmes : ils demandent qu'on cesse d'enseigner la musique aux aveugles, qu'on les dirige du côté des métiers manuels. C'est aller bien vite en besogne : les faits sont là pour prouver qu'encore aujourd'hui, la situation des musiciens aveugles est infiniment supérieure à celle de leurs congénères ouvriers, et rien n'empêche de penser qu'il n'en sera pas ainsi longtemps encore. Je crains que des passions anticléricales ne se glissent à leur insu dans les calculs de ces réformateurs, et vraiment l'anticléricalisme est ici hors de saison.

Sans parler des traitements exceptionnels qu'on trouve dans quelques grandes cathédrales, il est encore bon nombre de places d'orgue qui produisent de 1 500 à 2 000 francs, et un très grand nombre 800 à 1000 francs. Même celles qui n'offrent aucun fixe, représentent parfois d'appréciables casuels sous forme de gratifications pour les grandes fêtes, pour les mariages et les enterrements. Et puis, dans son école, l'aveugle n'a pas appris seulement à jouer de l'orgue. Il a étudié encore le piano et un instrument d'orchestre, quelquefois le chant. Il est professeur de musique. Il cherche à enseigner dans les collèges et les pensions des environs, et à donner des leçons particulières. Il est encore accordeur, et l'accord est pour lui une autre source de profits. L'orgue est un moyen de se faire entendre et apprécier dans le pays, un moyen aussi de patienter jusqu'à ce que la clientèle se décide avenir. Désormais il rendra encore les mêmes services au jeune artiste, mais la clientèle devra se faire attendre moins longtemps, et il faudra, plus encore que par le passé, préparer l'aveugle à l'enseignement.

Les femmes musiciennes, elles aussi, ont vu leur situation devenir plus difficile. Ce n'est pas la loi de séparation qui leur a fait du tort à elles, mais la loi de 1901 sur les associations. Pour la plupart, elles se retiraient auprès de congrégations enseignantes. Elles tenaient l'harmonium à la chapelle, et donnaient des leçons de musique aux élèves. Celles qui ne s'accommodaient pas de cette existence cherchaient à enseigner dans quelque pension laïque et à courir les cachets, mais elles avaient infiniment plus de mal à assurer leur subsistance, et d'ailleurs presque toutes préféraient la vie conventuelle qui leur donnait l'internat et qui supprimait toutes les difficultés de la vie matérielle. Assurément, leur gain n'était pas élevé, mais pour la femme aveugle, qui ne peut guère songer au mariage, l'essentiel est de se tenir à l'abri des heurts de la vie, d'avoir une existence régulière et tranquille. Désormais, elles devront se contenter presque toujours de postes dans des pensions laïcisées, obtenus avec beaucoup plus de peine, car la concurrence des clairvoyants y est plus redoutable, et elles devront compter avec des obstacles nombreux qui leur étaient épargnés. Leur vie sera plus difficile.

Tout cela est certes très regrettable. On ne doit pourtant pas jeter le manche après la cognée, et priver les aveugles, qui n'en peuvent mais, de leur meilleure ressource. Ce qui est vrai cependant, c'est que, dans les circonstances actuelles, il faudra peut-être faire moins de musiciens que par le passé. Tous ceux qui avaient un minimum de dispositions, jusqu'à présent, étaient dirigés vers l'orgue, et l'on avait raison d'agir ainsi, tant les musiciens les moins doués avaient la vie meilleure que les plus habiles brossiers ou les plus habiles canneurs. Les maîtres ne se sentaient littéralement pas le courage d'exclure de la leçon de piano ou de la leçon d'harmonie celui qui n'était pas absolument incapable de parvenir à un résultat. Ceux-là n'étaient pas professeurs, mais pour bien tenir l'orgue d'une petite église, pas n'est besoin d'avoir du génie. Aujourd'hui que la lutte devient plus dure, il n'y faut hasarder que des combattants bien armés.

Tous d'ailleurs auront toujours besoin d'un patronage intelligent et attentif. Il faut guetter à travers la France entière les places d'organistes ou de professeurs qui viennent à être libres et qu'on peut postuler ; il faut choisir parmi les candidats possibles celui qui convient à chaque place, afin d'adapter les talents aux diverses situations ; il faut lutter contre le préjugé, l'ennemi partout embusqué, et convaincre les intéressés qu'un aveugle est capable de remplir la place. Quand le jeune artiste vient prendre possession de son poste, il est souvent sans ressources, et les premiers temps sont durs : il faut l'aider de secours, en nature et en espèces, jusqu'à ce qu'il puisse se tirer d'affaire ; il faut lui procurer les livres de musique qui lui sont nécessaires pour accompagner ses offices ou pour donner ses leçons. Faute de ces livres-là, bien souvent, sa place serait compromise.

L'accordage des pianos traverse lui aussi une crise difficile. Montal n'est pas seulement le premier aveugle qui s'en soit occupé, il est encore un maître de cet art auquel, assure-t-on, il a fait réaliser de notables progrès. Sa tradition s'était conservée à l'Institut national où il avait enseigné, et ainsi les accordeurs aveugles qui sortaient de cette maison étaient fort bien préparés. Souvent les accordeurs clairvoyants manquaient de méthode, ou tout au moins il n'était pas rare qu'ils en manquassent. Et ainsi, fréquemment, les accordeurs aveugles se trouvaient avoir sur leurs concurrents une supériorité professionnelle qui les aidait à lutter contre le préjugé. Aujourd'hui l'art de l'accord, qui est un art facile, est généralement très bien pratiqué, si bien que nos accordeurs ont beaucoup moins souvent cet avantage. Dans toutes les grandes villes et dans beaucoup de villes moyennes, des marchands de pianos sont aujourd'hui installés. Ils fournissent toute la région, et leurs accordeurs rayonnent de tous les côtés.

Il est pourtant beaucoup d'aveugles qui doivent à l'accord le meilleur de leurs revenus, et M. Marcel Prévost le savait bien quand il intitulait l'une de ses nouvelles : *L'accordeur aveugle*. Toutefois ceux-là seuls, ou presque seuls, qui peuvent acheter un magasin, se faire marchands de musique et rayonner sur tous les environs, parviennent à se faire une situation égale ou même supérieure à celle des plus heureux musiciens. Mais cela suppose des capitaux, et, avec les capitaux, une intelligence du commerce qui n'est pas donnée à tous. J'ajoute que l'aveugle ne peut guère espérer réussir dans le commerce s'il ne peut compter sur l'aide intelligente d'une personne qui mérite entièrement sa confiance, une femme, une mère, une sœur. Aussi l'assistance d'une société de patronage et de l'Association Valentin Haüy est-elle nécessaire aux accordeurs aussi bien qu'aux musiciens, et s'exerce-t-elle un peu de la même manière : aide pour trouver une place d'accordeur, secours en nature et en argent dans les moments les plus difficiles, effort pour attirer sur le nouveau venu la bienveillance de la région, etc. Les accordeurs aveugles sont tenus par leurs fonctions de voyager beaucoup. Ils font des tournées dans les petites villes, villages et châteaux des environs. Quelques-uns les font en tandem. Mais beaucoup sont obligés d'user du chemin de fer. Il leur faut alors se faire accompagner d'un conducteur, ce qui risque d'élever bien haut les frais de déplacement et de compromettre les bénéfices de la journée. L'Association Valentin Haüy leur sert d'avocat auprès des compagnies de chemin de fer pour leur obtenir des permis de circulation qui les autoriseront, lorsqu'ils ne dépasseront pas un rayon déterminé, à ne payer qu'une place pour eux et leur guide. Les compagnies d'ailleurs s'y prêtent avec beaucoup de bonne grâce. N'est-ce pas un désavantage suffisant pour l'aveugle que d'avoir à payer les gages de son guide et de voir ses salaires réduits d'autant ?

Mais le patronage est beaucoup plus nécessaire encore pour

les métiers proprement manuels. Les principaux de ces métiers qu'exercent en France les aveugles sont : pour les hommes la brosserie, le cannage et le rempaillage des chaises, la vannerie, la fabrication des couronnes de perles, le filet ; pour les femmes la brosserie, le cannage des chaises, le filet, le crochet, le, tricot, etc. Nous ne parlerons que de la brosserie qui nous servira d'exemple. La brosserie, en effet, est généralement préférée aux autres métiers parce que c'est elle, semble-t-il, qui rémunère le moins mal. On pourrait aussi développer un peu chez nous l'apprentissage de la vannerie fine, de la vannerie de luxe, car dans quelques milieux les articles de ce genre trouvent facilement un débouché avantageux. Toutefois, d'une façon générale, aujourd'hui, c'est la brosserie qui donne les résultats les plus satisfaisais.

Le brossier aveugle travaille aussi bien que son camarade clairvoyant, souvent même avec plus de régularité, si bien que ses produits se vendront au meilleur prix ; mais il travaille près de deux fois moins vite. De plus, pour vendre sa marchandise et pour acheter la matière première qui lui est nécessaire, il a besoin d'un guide, qu'il paie naturellement sur les produits de son travail. Alors un problème difficile se pose : comment mettre les ouvriers aveugles en état de se suffire par ce travail ?

Le système qu'on a employé le plus ordinairement jusqu'à présent, est de fournir aux ouvriers la matière première au prix de gros afin de diminuer leurs frais, et de placer leurs produits pour leur épargner les pertes de temps qu'occasionne la recherche des débouchés et régulariser le plus possible la production. C'est ainsi que s'exercent le patronage de l'Association Valentin Haüy et celui de la Société des ateliers d'aveugles. L'association Valentin Haüy a secondé de cette manière, en 1908, 136 ouvriers pour lesquels elle a écoulé près de 40 000 francs de marchandises. Elle a plusieurs dépôts à Paris et dans les grandes villes. Quant à la Société des ateliers d'aveugles, elle reste en relation avec les apprentis qui sont sortis de son école. La valeur des marchandises qu'elle a écoulées pour eux en 1908 monte à plus de 200 000 francs.

Aidés de ces patronages à leurs débuts, quelques brossiers sont parvenus à se tirer d'affaire et à se passer de toute aide. Il en est qui sont aujourd'hui à la tête d'un petit magasin où ils vendent leurs propres produits ; d'autres dirigent de petits ateliers où ils font travailler pour leur compte quelques ouvriers clairvoyants. Il est certain cependant que la situation de la plupart d'entre eux reste très précaire.

Ce patronage du travail à domicile est préféré par certains ouvriers. Mais, pour la plupart, le travail en atelier est plus avantageux. L'Association Valentin Haüy et la Société des ateliers d'aveugles, bien qu'elles n'aient pas encore pu en créer, ont toujours souhaité de voir se multiplier les ateliers d'aveugles, non plus des ateliers d'apprentis, mais des ateliers de travailleurs. Le principe de ces ateliers est simple : il s'agit d'augmenter la production de l'ouvrier et de rendre sa vie moins coûteuse.

On augmente la production des ouvriers en les spécialisant, et en adjoignant à l'atelier un ouvrier clairvoyant qui se chargera de certains détails du travail que la cécité ne permet d'exécuter qu'avec beaucoup de lenteur. On réduit le coût de la vie en groupant les travailleurs auprès de leur atelier, ce qui supprime les frais de guide et de déplacement, et en diminuant le plus possible, au moyen de coopératives, de cantines, etc., le prix de la nourriture et des logements, tout cela bien entendu en outre des avantages précités : l'atelier paie la matière première au prix de gros, et les produits sont écoulés en commun.

Rien n'est plus rationnel qu'un pareil plan, et c'est de ce côté qu'il faut chercher la solution. Mais, ne nous y trompons pas, la création d'ateliers de ce genre est chose complexe et singulièrement délicate. Elle suppose réalisées d'assez nombreuses conditions. Tout d'abord, les frais généraux doivent être supportés par la bienfaisance, afin que les salaires déjà si maigres des ouvriers leur soient intégralement versés, et ces frais généraux sont élevés. Il faut une mise de fonds importante pour construire l'atelier, en assurer le fonctionnement, parer aux chômages momentanés, surtout pour aménager des logements salubres et économiques. Mais ce n'est pas tout. La grosse question est celle des débouchés. Il est difficile d'assurer un écoulement régulier des marchandises dans des conditions avantageuses. Et c'est pourquoi il est essentiel d'avoir à la tête de semblables établissements un homme de la partie, un commerçant habitué aux affaires, et j'ajoute un homme dévoué à l'œuvre qu'il entreprend ou sérieusement intéressé à son succès.

En raison de ces difficultés, les tentatives qui ont été faites en France n'ont en général que très médiocrement réussi. Il existe encore quelques ateliers, mais leur fonctionnement est assez défectueux. Aucun n'a pris un développement sérieux. Cela prouve tout simplement que l'entreprise n'a pas été tentée dans des conditions favorables, et c'est une raison de redoubler d'efforts, nullement de se décourager. Chez nous, c'est, je crois, surtout l'argent qui a fait défaut pour entreprendre une vaste organisation. En Angleterre, où les dons sont venus en abondance, il y a des ateliers très importants qui fonctionnent fort bien. Certainement, l'Association Valentin Haüy, si elle n'avait dû auparavant subvenir à des besoins plus urgents, aurait mené à bien cette entreprise. Elle s'y attachera quelque jour, lorsque ses ressources le lui permettront, si personne ne la prévient. Mais il serait préférable que d'autres sociétés entreprissent cette tâche auprès d'elle et de concert avec elle. Ses rouages se font trop complexes. Il est temps d'introduire la division du travail dans l'unité des vues et des bonnes volontés.

Sans ressources autres qu'un dévouement résolu, un homme de cœur, M. l'abbé Moureau, a réuni à Bordeaux quelques ouvriers brossiers. Peu à peu leur nombre s'est élevé jusqu'à 15, et l'atelier n'a encore qu'une dizaine d'années d'existence. Il a pu vivre et s'est accru sans donations. Les salaires varient de 1 fr. 50 pour les plus malhabiles, à 3 francs par jour. Le directeur a su parer à toutes les difficultés, faire à ses ouvriers des conditions de vie relativement économiques, trouver des débouchés pour tous ses produits.

On a parlé de créer, à la campagne, un nouvel atelier. Je ne sais si ce projet se réalisera, mais l'idée en est intéressante. Il s'agirait de construire un village d'aveugles travailleurs, village dessiné avec des artères rectilignes où les aveugles se dirigeraient sans guide. Une société de maisons à bon marché construirait des habitations qu'on louerait à bas prix. C'est la première fois, à ma connaissance, qu'un atelier de ce genre serait installé à la campagne, et il y aurait là un sérieux élément de succès : le coût de la vie serait pour les ouvriers moins élevé qu'il ne l'eût été à Paris ou dans tout autre grand centre. Si les dépenses, évidemment considérables, que ce projet nécessiterait, n'empêchent pas sa réalisation, il semble que, grâce à ces dispositions, le côté économique de l'affaire, qui toujours avait été en défaut chez nous dans les tentatives antérieures, donnerait toute sécurité. Les résultats dépendront alors de la conduite commerciale. La difficulté sera d'assurer les débouchés, et de faire régner dans l'atelier une discipline suffisante pour que la clientèle soit toujours satisfaite.

Je dirai cependant toute ma pensée. Si l'on ne trouve pas quelque métier nouveau qu'on puisse faire exercer aux aveugles dans ces ateliers, si l'on s'en tient à la brosserie qui actuellement est en honneur, je doute que les salaires puissent être suffisants. Il est possible que le bon ouvrier, qui gagnera peut-être 3 francs, puisse vivre avec cette somme et faire vivre sa famille, parce qu'au village on vit de peu et parce qu'une coopérative de consommation pourra abaisser encore le prix des denrées. Mais le pauvre maladroit qui n'arrivera pas à se faire plus de 30 ou 35 sous, s'il a plusieurs enfants, comment se tirera-t-il d'affaire ? S'il a une femme active et qui puisse trouver du travail dans le village (ce ne sera pas toujours facile), peut-être y parviendra-t-il ; mais si les charges totales de la maison retombent sur lui, je ne pense pas qu'il en puisse venir à bout facilement. Mous ne pouvons pas oublier les pauvres diables qui perdent la vue tard et qui apprennent un métier nouveau, alors qu'ils n'ont plus la souplesse requise. Voulons-nous leur refuser du travail ? Cela n'est pas possible. Ne perdons jamais de vue que chez les aveugles, entre les capables et les incapables, il y a les demi-capables, si l'on peut ainsi dire, et ces demi-capables doivent travailler eux aussi quand leur infériorité réside, non dans la qualité du travail, mais dans la rapidité de l'exécution. Si nous ne nous arrêtons pas au type du *heim* allemand, qui est pratique à tout prendre parce qu'il est économique, c'est qu'il condamne l'aveugle au célibat. Nous voulons mieux pour lui, nous voulons qu'il ait part aux joies de la famille qui lui sont si nécessaires. Il faut donc qu'il ait les moyens de fonder une famille.

Et voilà pourquoi je crains qu'il ne soit indispensable, même lorsque les conditions les plus avantageuses de travail seront réalisées, qu'une société de bienfaisance majore les salaires. Assurément, la première chose à faire est de réaliser ces conditions. Un fait est d'ores et déjà certain, c'est qu'en Angleterre, dans tous les ateliers, le système de la majoration des salaires est en usage. On va jusqu'à les augmenter de 100 pour 100, en certains endroits. Bien entendu, si nous jugeons nécessaire défaire de même, autant que possible, il faudra donner ces majorations d'une manière indirecte. C'est déjà une majoration indirecte de salaire que de décharger les ouvriers des frais généraux de l'atelier. Je crois qu'il en faudra d'autres encore : des diminutions artificielles et considérables sur les loyers et sur les prix des denrées. Ces majorations indirectes auraient l'avantage de tenir compte des charges de famille, et c'est par-là qu'elles sont préférables aux majorations directes. Elles le sont encore en ce qu'elles sauvegardent peut-être davantage la dignité de l'assisté. En tout cas, s'il y a lieu d'y songer, il suffira de le faire plus tard, lorsque le progrès essentiel sera réalisé, celui qu'apportera la création d'ateliers viables et capables de recevoir de nombreux ouvriers.

Parallèlement à ce courant d'opinion qui attend de la bienfaisance privée la création d'ateliers d'aveugles, un autre les demande à la bienfaisance publique. Entre ces deux projets, il est clair que les aveugles ne peuvent pas hésiter. Ils n'ont pas à faire intervenir de considérations générales sur le rôle de l'Etat en matière d'assistance ; considérations qui risqueraient de les diviser. Et d'ailleurs, quelque opinion que l'on ait du rôle qui convient à l'État, il faut bien admettre qu'à une situation aussi exceptionnelle que celle des avances, on peut appliquer aussi des règles d'exception, sans qu'on voie s'en généraliser l'application. Les intéressés ne peuvent donc que souhaiter les ateliers organisés aux frais de l'Etat et des départements, si la loi décide que les ouvriers aveugles seront employés de droit dans six, huit ou dix ateliers, l'on ne voit pas, pourvu que des crédits suffisants aient été votés, que rien puisse s'opposer à une décision parlementaire. Malheureusement, il est devenu si habituel d'entendre les intéressés demander des subsides aux Chambres, que les supplications les plus dignes d'attention ont peine à se faire écouter par elles. Je crains que les Chambres ne reculent devant le chiffre assez élevé de dépenses que de semblables créations supposeraient pour être faites dans de bonnes conditions. Je souhaite qu'elles votent les crédits qu'on leur demandera, mais je doute que l'événement soit conforme à mes souhaits.

Ce que l'État pourrait nous donner, c'est la continuité du travail, c'est-à-dire l'essentiel, ce que les directeurs d'ateliers ont le plus de peine à obtenir. L'Etat consomme chaque année une quantité considérable de brosses. Il lui en faut pour l'armée, pour la marine, pour ses chemins de fer, pour ses hospices, pour ses prisons, etc. Qui empêcherait de confier la production de ces brosses aux aveugles ? L'Etat qui équipe l'armée et l'Etat qui assiste les infirmes ne sont-ils pas un seul et même Etat ? Il serait à propos qu'ils s'en souvinssent. L'Etat qui équipe prévoit, je suppose, 50 000 francs pour la fourniture des brosses aux différents corps d'armée, et l'État qui assiste inscrit 50 000 francs de secours aux aveugles travailleurs. Si l'État qui assiste donnait 75 000 francs aux aveugles travailleurs à la condition qu'ils fournissent de brosses l'armée, il y aurait 25 000 francs d'économie, et cependant les aveugles auraient gagné 25 000 francs.

L'État pourrait ainsi donner sa clientèle, une clientèle sans pareille. Il pourrait encore peut-être mettre à la disposition des aveugles des terrains pour y construire des ateliers et des cités ouvrières. Ces terrains devraient, me semble-t-il, se trouver hors des villes, suivant la conception que nous rappelions tout à l'heure, mais j'ajoute aux portes de grandes villes autant que possible, afin de joindre les avantages de la ville à ceux de la campagne. Ne serait-il pas difficile d'ailleurs de décider une société d'habitations à bon marché à construire loin de tout centre urbain, de toute industrie solidement assise ? L'État pourrait offrir ces terrains et cette clientèle à des philanthropes et à des sociétés philanthropiques qui présenteraient des plans de construction agréés par une commission compétente, par le comité permanent d'assistance aux aveugles par exemple. Voyez combien immédiatement l'œuvre de l'assistance privée serait facilitée. Je suis convaincu que des sociétés se constitueraient rapidement dans le même esprit et pour le même objet.

Il est des cas où l'assistance privée seule peut agir efficacement. Elle seule peut seconder les organistes et les accordeurs dans les difficultés si variées, toujours nouvelles, que chaque jour apporte. Pour cet office qui devient de plus en plus difficile, l'Association Valentin Haüy et la Société de placement et de secours ont besoin de voir accroître leurs ressources. Dans d'autres cas l'assistance publique est nécessaire ; il n'y a que l'État qui puisse exercer sur l'enseignement un contrôle efficace, un contrôle qui est devenu absolument indispensable, et, puisque les philanthropes, occupés à des tâches plus pressantes, ont tardé à créer des ateliers suffisants, il faut sur ce point aussi obtenir l'intervention des pouvoirs publics. Mais le plus souvent les deux assistances doivent se compléter l'une l'autre, et elles gagneront beaucoup à collaborer. Là où chacune, travaillant séparément, se heurterait à des difficultés presque insurmontables, en s'unissant elles parviennent à d'excellents résultats. Dans ce concert chacune fait sa partie ; l'une a l'autorité, et l'autre la souplesse qui lui permet de s'adapter aux besoins individuels et aux circonstances changeantes.

Section III

Il ne suffit pas de créer des ateliers et de trouver du travail aux aveugles, puisque toutes les carrières qui leur sont accessibles sont fort encombrées ; il importe de chercher s'il n'y a pas des voies nouvelles dans lesquelles il serait possible de les engager.

On s'étonne qu'aujourd'hui, après un siècle un quart d'études, le champ d'activité de l'aveugle ne soit pas encore bien connu. C'est que, essentiellement variable avec les individus et dans une certaine mesure susceptible d'être étendu par l'éducation, il est extrêmement difficile à délimiter. Il faut l'explorer en tout sens afin de connaître aussi exactement que possible les modes suivant lesquels l'aveugle peut s'adapter à l'activité sociale. C'est une tâche à laquelle s'appliquent tout spécialement en ce moment l'Association Valentin Haüy et avec elle quelques dévoués typhlophiles. Aussi bien, des recherches et des expériences de ce genre relèvent très particulièrement de l'assistance privée. Quand les professions nouvelles seront reconnues pratiques, l'État pourra intervenir et les favoriser.

Parmi ces dernières, deux ont été importées de l'étranger et méritent tout spécialement d'attirer notre attention. Ce sont la matelasserie et le massage.

C'est surtout en Angleterre que la matelasserie est pratiquée par les aveugles. L'apprentissage en est relativement simple et il offre du travail aux femmes aussi bien qu'aux hommes. M. Vaughan, directeur des Quinze-Vingts, a, le premier, tenté en France d'ouvrir ce débouché aux aveugles, et, à cet effet, il a organisé à Paris un atelier. L'expérience a montré que la matelasserie s'acclimaterait parfaitement de ce côté de la Manche, et, si l'atelier a échoué, c'est par manque d'argent, et non par incapacité des ouvriers. Les débuts des ateliers d'aveugles, qui ont à compter avec les préjugés du voisinage, sont toujours difficiles, et ils le sont très spécialement quand l'atelier n'a pas d'ouvriers expérimentés et se compose d'apprentis.

L'hygiène condamne l'habitude encore si répandue de carder les matelas dans les cours de nos maisons. Elle renvoie ce genre de travail à des ateliers, et favorise en cela notre cause. Il semble qu'un atelier de matelassiers aveugles, placé à la porte d'une grande ville, aurait des chances sérieuses de succès. Une bonne direction suffirait à l'assurer.

Cette année même, le ministère de l'Intérieur, sur la demande du comité permanent, donnera une subvention pour faciliter la création d'un atelier de ce genre aux portes de Paris. Tout invite à croire que cet atelier deviendra une école d'apprentissage, et que les ouvriers qu'on y aura formés pourront, aidés de subventions analogues, établir de semblables ateliers à la porte d'autres grandes villes. Il semble donc qu'il y ait de ce côté des espérances à fonder, et l'expérience permet de supposer que les salaires dans la matelasserie seront plus élevés que dans la brosserie. Seront-ils suffisants pour donner à l'aveugle une vie relativement aisée ? Peut-être une bonne organisation leur permettra-t-elle de le devenir, mais la chose est incertaine. Une constatation m'inquiète : en Ecosse et en Angleterre où les ateliers semblent bien compris, on a dû majorer les salaires.

Le massage a été pratiqué par les aveugles en divers pays. Il l'est tout spécialement au Japon où de tout temps les masseurs ont été des aveugles. C'était pour eux comme un monopole de fait. Cela est si vrai qu'au Japon, paraît-il, un même mot désigne à la fois l'aveugle et le masseur. Et, comme le massage est là-bas d'une pratique tout à fait courante, comme on y voit une prescription élémentaire d'hygiène à peu près comme les anciens en voyaient une dans les bains répétés, il y a là une véritable richesse pour les aveugles. Ne serait-ce pas une mesure prudente, pour un pays où la brusque importation de civilisations étrangères risque de briser toutes les traditions à la fois, que de fixer par la loi ce monopole de fait ? Je sais tous les inconvénients des monopoles. Mais, avec une sage réglementation, peut-être pourraient-ils être évités ; et, à tout jamais, la question de l'assistance aux aveugles serait tranchée pour les Japonais. Ce n'est pas une mince affaire dans un pays où, à cause des miasmes marécageux que transportent les vents, les ophtalmiques sont en très grand nombre. En tout cas, reconnaissons que les Japonais ont eu les premiers le mérite de comprendre que l'aveugle est le plus discret des masseurs. Ils ont compris surtout que l'aveugle vivant essentiellement par le toucher, organisant sa vie tout entière autour d'impressions tactiles comme le clairvoyant l'organise autour d'impressions visuelles, était en quelque sorte masseur par prédestination.

En France, le champion du massage par les aveugles est un aveugle, le docteur Fabre. Ayant perdu la vue vers la trentaine, il eut l'énergique volonté de conserver entière son activité et de ne rien abandonner de son indépendance. Il se livra alors à des études spéciales de massage, et s'installa comme masseur à Paris, où, très rapidement, sans appui, grâce aux succès thérapeutiques qu'il obtenait, il s'est constitué une fort belle clientèle. Son exemple était singulièrement encourageant. Dans le même temps, M. Vaughan conseillait à un aveugle de suivre des cours de massage à Paris ; à Lille, un autre aveugle tentait la même entreprise ; à Lyon, la section locale de l'Association Valentin Haüy formait deux masseurs sous la direction du professeur Lépine. Rien ne pouvait mieux faire sentir la vitalité de l'idée nouvelle que cette simultanéité de tentatives qui s'ignoraient les unes les autres.

Le docteur Fabre a tenu à faire profiter ses compagnons d'infortune de son heureuse innovation. En collaboration avec un autre confrère aveugle, le docteur Bouisson, il professe un cours de massage à l'Association Valentin Haüy. Pour apprendre l'anatomie, les élèves touchent des squelettes, des écorchés en relief, des pièces anatomiques. L'Association Valentin Haüy compose pour eux une bibliothèque d'ouvrages d'anatomie, de physiologie et de massothérapie transcrits en points saillants. Mais la question la plus délicate n'était pas celle de l'apprentissage : il s'agissait de faire travailler les masseurs. Nous ne pouvons sur ce point que nous en remettre à l'intelligente bienveillance des médecins qui comprendront qu'un devoir d'humanité, en même temps que l'intérêt de leurs malades, les sollicite à donner la préférence au masseur aveugle.

Une expérience tout à fait rassurante, décisive même, a été faite l'été dernier. L'Association Valentin Haüy a envoyé trois masseurs dans des villes d'eaux, à Bourbonne, à Vichy, à Néris. Elle prenait à ses frais tous les risques de l'entreprise. Partout il s'est trouvé des médecins de cœur et d'intelligence que la perspective d'une innovation n'a pas effrayés et qui ont été séduits par l'idée d'une tentative bienfaisante. Et sur les trois points le succès a dépassé toute espérance. La clientèle a montré qu'elle acceptait parfaitement le masseur aveugle, et qu'elle appréciait ses avantages. Chacun de nos masseurs a soigna environ cinquante malades ; soyons précis : l'un d'eux en a traité quarante-quatre, et les deux autres chacun cinquante-deux. Partout des témoignages de satisfaction tout à fait flatteurs leur ont été décernés par les médecins qui les ont vus à l'œuvre. On peut donc considérer que la profession de masseur est en France ouverte aux aveugles. Deux cours de massage leur sont actuellement professés à Paris. Le ministère de l'Intérieur qui, grâce à M. Mirman, encourage toutes les tentatives faites en faveur des aveugles, donnera une subvention qui permettra de fonder une clinique pour les masseurs aveugles.

Mais n'oublions pas que c'est une profession qui, si elle est vraiment lucrative, ne pourra s'ouvrir qu'à un nombre assez restreint d'aveugles. Le succès est à ce prix. Elle réclame, réunies dans un même individu, des qualités très diverses. Comme elle exige un contact direct et prolongé du travailleur avec le client, il faut que l'aveugle qui l'exerce ait un physique agréable, que sa présence n'éveille aucun sentiment pénible. Je veux dire que tous ceux que la cécité a défigurés sont exclus nécessairement. Il faut encore que le masseur soit intelligent et cultivé, de manière à faire honorablement sa partie dans une conversation, car on exige de l'aveugle ce qu'on ne demande pas au clairvoyant. Il est nécessaire que sa santé soit excellente, qu'il ait la main sèche, la respiration profonde, le cœur solide, une réelle force musculaire, et l'on sait que beaucoup d'aveugles sont anémiés soit par les maladies, soit par une existence antihygiénique. Tout cela doit s'ajouter bien entendu à une excellente préparation professionnelle. Si nous voulons le succès, il ne nous faut former que des masseurs de premier ordre. Alors, mais alors seulement, ils s'imposeront à la clientèle et ouvriront à leurs successeurs un chemin facile. Sans une discipline rigoureuse, l'échec est certain.

Je ne serais pas surpris que la profession de tonnelier pût s'ouvrir un jour largement aux aveugles. Un tonnelier ayant perdu la vue a continué à exercer son métier. L'Association Valentin Haüy, frappée de son adresse, lui a confié deux apprentis aveugles. Ils ont parfaitement réussi. L'un d'eux accuse un bénéfice quotidien de 3 fr. 50.

L'Association fait faire actuellement aussi un apprentissage de téléphono-dactylographie. Le mot est barbare, mais la chose est simple. Il s'agit de transcrire à la machine des informations reçues au téléphone ou au phonographe. Un aveugle très distingué, M. Aussel, remplit cet office depuis quelques années pour un journal de Montpellier, *le Petit Méridional*, et c'est un emploi qu'on pourrait retrouver dans les bureaux de tous les journaux. M. Aussel affirme qu'un aveugle peut s'en acquitter fort aisément. L'expérience qu'il a faite lui-même semble concluante. Nous espérons que les directeurs de journaux feront un bon accueil à cette innovation. Le succès dépendra entièrement de leur bienveillance.

La dactylographie à elle seule est très pratique pour les aveugles dans les menues occupations de la vie quotidienne, en particulier pour la correspondance ; mais au point de vue commercial et en tant que métier elle n'est que d'un maigre secours. Les tentatives faites en Angleterre et en France pour l'utiliser ne semblent pas donner de résultats appréciables. Cela se conçoit : la nécessité pour l'aveugle de se faire dicter ce qu'il doit transcrire et de salarier une personne à cet effet réduit d'une manière excessive ses bénéfices. Ce n'est pas à dire que dans quelques cas particuliers l'apprentissage de la dactylograghie ne soit pas à recommander. J'imagine, par exemple, un musicien aveugle habitant une petite ville et médiocrement occupé. Probablement il n'est aucun dactylographe dans la région. Pourtant des travaux de dactylographie peuvent se présenter : il s'agit de reproduire une lettre à un certain nombre d'exemplaires ; le curé de l'endroit veut faire transcrire ses sermons ; ou bien un notaire retiré veut laisser ses mémoires à la postérité ; ou un méconnu des éditeurs désire posséder une copie lisible de ses vers. Notre aveugle, s'il peut se faire dicter par sa femme ou par un de ses enfants, aura peut-être profit à se charger de ces travaux.

L'Association Valentin Haüy se propose également de diriger quelques sujets vers l'enseignement des langues vivantes. En Allemagne plusieurs aveugles ont entrepris cette profession avec succès. Les professeurs de langues ne sont pas moins nombreux en Allemagne, qu'en France. Il n'y a donc pas de raison pour que, en agissant avec prudence, nous n'obtenions pas les mêmes résultats que nos voisins. Si la chose n'est pas encore réalisée chez nous, c'est que le besoin s'en est fait moins sentir qu'au-delà du Rhin. Chez nous, les sujets les mieux doués ont trouvé à employer leurs facultés dans l'enseignement des aveugles et dans la profession de musicien. Le premier de ces débouchés n'existe pas en Allemagne, puisque l'enseignement des aveugles est presque exclusivement réservé aux clairvoyants, et le second y est beaucoup moins largement ouvert que chez nous parce que, jusqu'à ces derniers temps, les postes d'organistes y étaient moins rétribués. Les sujets qui, très distingués au point de vue intellectuel, en musique ne sont que médiocres, aiment mieux occuper un poste extrêmement modeste dans une école que de courir les hasards de l'enseignement libre, difficile pour les aveugles encore beaucoup plus que pour les clairvoyants.

La question de l'enseignement des langues vivantes n'intéresse donc, suivant toute vraisemblance, que fort peu d'aveugles français. En voici une autre, en revanche, qui pourrait les intéresser en grand nombre. Dans un petit magasin, l'aveugle peut rendre de nombreux services. Il ne saurait probablement pas le tenir à lui seul, mais il est loin d'y rester inactif. On pourrait donc trouver dans le très petit commerce des débouchés pour les aveugles qui auraient auprès d'eux un parent dévoué, une femme, une fille en âge de veiller à la marche des affaires. Le seul obstacle qui les arrête, ce n'est pas la cécité, c'est le manque du pécule nécessaire pour acheter un fonds de commerce. Je voudrais voir une société se fonder pour leur ouvrir cette voie nouvelle. Il ne serait pas nécessaire de réunir dès capitaux considérables. Une trentaine de mille francs feraient déjà beaucoup. On achèterait avec cette somme de petits magasins dans des villages. Je dis : dans des villages, parce que là, les prix d'achat étant moins élevés, les risques à courir sont moins grands, parce que là aussi la clientèle est fixe, assurée, et de plus, l'aveugle apprendrait facilement à la connaître à la voix. Ces magasins seraient attribués à des aveugles soigneusement choisis par une Commission de deux ou trois personnes qui auraient également la charge d'acheter les fonds de commerce et de visiter les ménages déjà installés. Ils seraient attribués autant que possible à des aveugles incapables d'apprendre un métier à cause de leur âge. Le point délicat serait de les choisir, de reconnaître ceux qui auraient auprès d'eux une personne digne de Confiance, ceux aussi qui, par leur passé, auraient fait preuve d'un esprit pratique capable de leur promettre le succès. Il y aurait certes quelques échecs, mais on ne devrait pas se- laisser décourager par eux. Dans l'ensemble, les pertes ne seraient pas, je crois, considérables. Les sommes engagées ne rapporteraient rien naturellement (on ne leur demanderait aucun intérêt), mais elles courraient assez peu de risques ; et beaucoup de misères seraient ainsi soulagées.

L'Association Valentin Haüy a trop d'œuvres qui absorbent toute son attention, trop d'aveugles à secourir pour entreprendre cette tâche nouvelle et fort assujettissante. Les esprits timides verraient là un emploi imprévoyant de ressources qui lui ont été confiées pour les aveugles et qui réclament une gestion extrêmement prudente. Mais certainement elle donnera l'exemple. Elle tentera l'expérience, et prouvera par des faits que la chose est parfaitement réalisable. Et je suis persuadé qu'autour d'elle un bienfaiteur surgira pour mener à bien une entreprise pleine de promesses.

L'État distribue ses bureaux de tabac à ses fonctionnaires et à leurs veuves. Ayons, à défaut de bureaux de tabac, nos épiceries, nos merceries, nos petits bazars de village. Et nous, qui ne serons pas sollicités par des électeurs, veillons bien à ce qu'ils aillent toujours aux plus indigents, et surtout à ceux qui sauront le mieux en tirer profit. Il faut poursuivre ces recherches, et, en cela, chacun peut aider l'Association Valentin Haüy et les typhlophiles de suggestions utiles. Rien ne prouve que nous ne soyons pas un jour en mesure de demander à l'État de prendre quelques aveugles au nombre de ses employés. Peut-être dans certaines administrations, dans les téléphones, dans la fabrication des cigares, pourra-t-on leur faire des places. La question est capitale, et il est possible qu'on n'y ait pas encore complètement répondu. Plus nous aurons de débouchés, et plus nous pourrons arracher d'aveugles à la mendicité avouée ou déguisée, plus aussi s'allégera la charge de l'assistance. Il nous faut des débouchés nouveaux, d'abord pour ce que j'appellerai le déchet de la loi de séparation, c'est-à-dire pour ces sujets intelligents, actifs, qui, sans avoir beaucoup de dispositions pour la musique, parvenaient à vivre de la musique, qui ne le pourront désormais que plus difficilement, et qui ont trop d'initiative et d'activité personnelle pour s'accommoder de la vie d'atelier. A ceux-là le massage, l'enseignement des langues vivantes, peut-être la télé-phono-dactylographie offriront quelques places, mais ce n'est pas assez. Il en faut surtout pour la masse, pour les moyens, qui ne sont pas assez personnels pour se faire une place dans le monde, et qui doivent vivre enrégimentés dans les ateliers. Il est douteux qu'on puisse trouver pour eux un métier qui, sans majoration indirecte de salaires, leur donne des moyens suffisants d'existence. Peut-être est-il du moins possible de multiplier ces métiers qui, comme la sparterie, la matelasserie, la brosserie, apportent cependant au travailleur aveugle des salaires presque suffisants et lui conquièrent sa quasi-indépendance.

Mais le succès final de tant d'efforts dépendra de la bienveillance du public. Métiers nouveaux et métiers traditionnels ne pourront être exercés par les aveugles qu'autant que le public le voudra bien. L'opinion est pour nous le facteur essentiel. Elle est encore étrangement dominée par le préjugé de la cécité. C'est ce préjugé qui, je le répète, est l'obstacle principal à l'activité de l'aveugle et à son bonheur. L'idée, sans doute trop nouvelle encore, de l'aveugle laborieux ne pénètre qu'avec lenteur dans les esprits. Les aveugles travailleurs sont trop peu nombreux pour la répandre par l'exemple autant qu'il le faudrait, et l'expérience intime du clairvoyant lui rend difficile de croire qu'on puisse se développer et agir dans les ténèbres : c'est un sentiment plus fort et, semble-t-il, plus tenace que tous les raisonnements du monde.

Il faudrait que le public vînt à se convaincre plus universellement que l'aveugle a besoin de travailler, qu'il peut travailler et très bien travailler. Il faudrait qu'il n'éprouvât plus de surprise à la rencontre d'un aveugle industrieux, qu'il n'admirât plus ce qui désormais est banal. Voilà pourquoi l'Association Valentin Haüy s'occupe tant de faire connaître les aveugles, de gagner l'opinion à leur cause par la conférence, par le livre, par la gravure, par la presse, par les prospectus répandus à profusion. Quand le préjugé aura reculé, la sympathie naturelle fera le reste. L'aveugle est dans une situation très désavantageuse, parce que le choix des carrières est pour lui fort limité ; parce que, s'il n'est pas musicien, seuls des métiers peu rémunérateurs lui sont accessibles ; parce qu'il travaille moins vite que les clairvoyants ; enfin et surtout parce que son maigre budget est grevé lourdement du salaire qu'il doit à son guide. Pour lui, la misère est plus âpre que pour tout autre : il a moins de souplesse que les autres hommes à la fuir, et elle se double chez lui de la douleur poignante, cuisante de son infirmité. Quand donc on croira vraiment que l'aveugle peut travailler, le public ne manquera pas de lui donner du travail. Le problème est d'assurer le triomphe d'une idée incontestable, mais qui semble paradoxale.

ISBN : 978-1723096358

www.ingramcontent.com/pod-product-compliance
Lightning Source LLC
Chambersburg PA
CBHW072033230526

45468CB00021B/1757